一定要
告诉儿子
的那些事

[英] 菲力浦·切斯特菲尔德/著　　[韩] 孙永俊/改编

[韩] 李佾善/绘　　徐月珠/译

北京联合出版公司
Beijing United Publishing Co.,Ltd.

编者序 commendation

陪伴儿子一生的礼物

宝贝儿子一定是你这辈子最大的骄傲吧？每当看到儿子和年龄相近的小朋友学习和游戏的身影时，你的心里一定有满满的爱和期望涌起，希望自己能拥有像老鹰一样苍劲有力的翅膀，永远把宝贝保护在自己的身旁，不想让他经受挫折和伤害吧？

然而，他真的要长大，学会自制和思考，学会自强自立，学会和其他的小朋友更好地相处，交到良师益友，积极地融入这个社会大群体里……你担心也好，失落也好，他就是一个小小男子汉，要去迎接挑战，享受属于他的多彩人生了！

在宝贝慢慢成长的过程中，作为父母，尤其是父亲的你，要怎样才能让他懂得你对他的爱和支持，怎样才能教会他以男人的方式，更坚强、睿智地面对未来的挑战呢？你是否在担心自己表达不清，或是教育方法不对呢？

没关系，因为你手里的这本书，正是英国著名的政治家和外交家菲力浦·切斯特菲尔德所写的脍炙人口的《爸爸写给儿子的一封信》。两个多世纪以来，切斯特菲尔德写给儿子的信风靡欧洲各国，成为西方贵族式教育的典范。他的名字"切斯特菲尔德(Chesterfield)"更是在英语世界中成为"温文尔雅"的代名词。经过孙永俊先生的改编，这本《一定要告诉儿子的那些事》已经成为一本更加符合现代东方亲子教育观念的亲子图书，其韩文原版自2003年出版后，2年内重印了18次，中国台湾版也一直十分畅销。

在这本书里，你看不到一般教条式的指导，而是处处以慈爱父亲的口吻，坚定细腻的语句，传达父亲们宝贵的人生经验！加上100多幅活泼生动的插图，本书显得更加趣味盎然，让宝贝儿子也会爱不释手。

现在，还等什么呢？赶快翻开书，和宝贝一起体验这份温暖，陪他一起成长为一个真正的男子汉吧！

编者谨识

亲爱的儿子：

  不知道从什么时候开始，我们之间的沟通就变得很少、很浅，其实爸爸有很多心里话想要跟你说，因为爸爸希望你能够从这些宝贵的经验中得到帮助，让你少走一些冤枉路，让爸爸少一些心疼！

  也许有一天，你会觉得自己不被别人重视，你会烦恼女朋友心里的想法，你也开始害怕梦想会幻灭……但是亲爱的儿子，可别忘了你还有爸爸传授给你的勇气和智慧，那将会一直陪伴你面对人生中的困境。

  爸爸将想告诉你的话和感受都一一写下了，希望你能够慢慢地用心感受，也让你了解，爸爸真的爱你……

爸爸

目录 CONTENTS

001　勇于表达自己的想法 …………………… 12
002　发挥你的幽默感 ………………………… 14
003　公平地与对手竞争 ……………………… 16
004　不要将情绪挂在脸上 …………………… 18
005　学习朋友的优点 ………………………… 20
006　多替别人着想 …………………………… 22
007　专心做好一件事 ………………………… 24
008　让别人对你印象深刻 …………………… 26
009　每天和自己赛跑 ………………………… 28
010　勤劳是最棒的特质 ……………………… 30
011　永保专心、恒心、好奇心 ……………… 32

012	谦虚的人会受到大家的喜爱	*34*
013	说谎是无止境的深渊	*36*
014	全力以赴的意志	*38*
015	正义的守护者	*42*
016	智慧从经验累积而来	*44*
017	告诉自己，我办得到！	*46*
018	爸爸的偶像	*48*
019	请尊敬你的老师	*50*
020	朋友是一辈子的事	*52*
021	倾听朋友的心事	*56*
022	从小地方做起	*58*

目录 CONTENTS

023 老人家是智慧的宝藏 …………… *60*
024 小人物的哲理 …………… *64*
025 自己的事情自己做 …………… *66*
026 像个男人般挺起肩膀 …………… *68*
027 与自己做个约定 …………… *70*
028 向着目标全力以赴 …………… *72*
029 人与人之间的第一句话 …………… *74*
030 主动学习的乐趣 …………… *76*
031 书是无言的老师 …………… *80*
032 百闻不如一见 …………… *82*
033 失败并非结束,而是开始! …………… *84*

034	成功人物的特质	86
035	你常说错话吗？	88
036	勇于承认错误	90
037	和爸爸一起去旅行	92
038	健康就是财富	94
039	学习安排自己的生活	98
040	收集每天的故事	102
041	报纸中的大世界	104
042	建立良好的异性友谊	106
043	节俭和储蓄的好习惯	108
044	将决心化为行动	110

一定要
告诉儿子
的那些事

001 勇于表达自己的想法

你已经不知不觉地长大了,是一个懂得表达自我的孩子了。如果你开始有了自己的主见,那么就要知道如何向别人表达自己的想法。

你已经不知不觉地长大了，是一个懂得表达自我的孩子了。如果你开始有了自己的主见，那么就要知道如何向别人表达自己的想法，这样的对话我们叫做沟通。简单地说，沟通就是和别人分享你自己的想法。

有些人虽然知识很渊博，却不会表达；有些人虽然知识稍嫌不足，但是他能够表达出自己的想法，甚至可以用话语来说服比自己知识更渊博的人。在你的朋友当中，也许有一些人已经能够清楚地表达自己的想法了，对吧？

那么，怎样才算是好的口才呢？是不是把自己想说的话完整地照事实陈述，就是好口才呢？

能够抓住别人内心的话语，应该用很清楚、明确、有力的语气，并且适当地使用面部表情和肢体动作来说话。但也不是叫你故意夸大其词，而是要让听你讲话的人能够专注地聆听，并了解你说话内容的重点。

平常阅读书报杂志的时候，如果书上出现了不错的文句，可以把它背下来，以后运用在与人的交谈当中，这就是一种训练说话技巧的好方法。当然，如果能够不只是照本宣科，而是用你自己的语气来表达的话，更能够让这些语句成为属于自己的说话方式。

002 发挥你的幽默感

无论在什么场合,最受欢迎的人就是具有幽默感的人。希望你也能试着努力成为懂得发挥幽默感的人!

哪一种人才是有幽默感的人呢？是常开玩笑的人吗？还是偶尔会耍酷的人呢？你是否曾经被朋友称为有幽默感的人呢？如果没有的话，爸爸希望你能够朝这个方向努力。

为什么一定要成为一个有幽默感的人呢？最主要的原因是，这些人的周围会有许多朋友聚集，因为和有幽默感的人在一起聊天，常会令人感到愉快喜悦。没有人会讨厌愉快喜悦的感觉，不是吗？

再者，经常和笑口常开的人聚在一起，会使用他们之间才使用的语言，会做出他们之间才做的举动，这样的互动方式能让他们产生归属感，而归属感能够为生活带来活力与喜悦。

无论在什么场合，最受欢迎的人就是具有丰富幽默感的人。希望你也能试着努力成为能够配合场合气氛、懂得发挥幽默感的人！

TIPS

幽默是展现一个人聪明的好方式，好好发挥你的幽默感吧，它会让你和大家相处时，让彼此都感觉很愉快。

一定要告诉儿子的那些事

003 公平地与对手竞争

成熟的人会用公平的方法来与对手竞争。如果对方想要打压自己,你反而要礼貌地对待他。

你能够公平地对待讨厌你的人吗？虽然每个人都认为应该那样做，但是要实践这一点并不容易。尤其是小孩子，因为你们的想法尚未成熟，具有容易兴奋并且轻易行动的倾向，要小孩子秉持公平的原则可能会更加困难。爸爸希望你能将这些人当做对手，但是必须要注意的是，"对手"与"敌人"是不同的，如果把对手当成敌人的话，往往会为了求胜而不择手段，就无法保持公平了。

　　首先要牢牢记住，好的对手将成为自己成功的钥匙。比如说你在班上是第二名，拼命努力想要成为第一名，然而第一名的同学，他也想继续维持第一名，所以更加用功学习。在这种良性竞争下，两人的成绩都会提升的。

　　成熟的人会用公平的方法来与竞争者竞争。如果对方想要打压自己，你反而要礼貌地对待他，因为那是使自己成长的方法。比起只顾个人感受而打压对方的人来说，通过公平的竞争而获胜的人，才能够被这个世界承认是一个真正的胜利者。找个好的对手，试着努力去用公平的方式获胜，如此一来，你将会有很大的收获。

　　希望在你未来的人生旅途上，能够有许多公平的竞争机会。

004 不要将情绪挂在脸上

日常生活中,在待人接物方面有一点千万要记住,就是不要轻易地将自己的情绪表现出来。

不要轻易地将自己的情绪表现出来，这在日常生活的待人接物方面是很重要的修养。譬如：有人对你说了不中听的话，就立刻脸色大变；或者听了好听的话，表情马上就变得很高兴，这都不是稳重的仪态。那样的举动会令对方觉得你是一个容易被左右的人，心术不正的人就常利用这种人性的弱点来达到目的。

如果你是一个容易将情绪表现在外的人，不要说那是天生的性格使然，而是要抱定决心，试着努力成为一个稳重的人。

要爸爸告诉你秘诀吗？

爸爸在生气时，并不会当场以充满愤怒的声音来反驳对方，我会花一点儿时间让心情先稳定下来，同时尽可能地不要将愤怒表现在脸上。爸爸从很久以前就开始使用这个方法，所以现在无论面对多么不愉快的情况，我也不会表露出太多的情绪在脸上。

相反地，如果别人轻易地将情绪表露出来，你也不可因此而利用别人，应该要试着改变立场来想一想，并请先耐心地等待对方稳住情绪。

005 学习朋友的优点

即使是再优秀的人,也无法具备所有的优点;即使是看起来平凡的人,也有值得学习的地方。

你会为了使自己看起来更优秀，而随意取笑你的朋友吗？如果你的朋友比你拥有更多的长处，表现得比你更优秀时，你的心情会如何呢？

所谓的朋友，就是能与你互相学习、取长补短的人。因此，如果你想让别人觉得你很优秀，就要从值得学习的朋友那儿吸取他的长处。

好好地去观察你周围的朋友吧！即使是再优秀的人，也无法具备所有的优点；即使是看起来平凡的人，也有值得学习的地方。但是没有必要为了去学习别人的优点，而丧失自己本身的独特性，维持你的长处，同时也吸取朋友的优点就可以了。

TIPS

善于学习朋友的优点，能够让你在生活中可以更好的进步。如果你还能和你的朋友一起进步的话，那就更好了！所以，去发现你朋友的优点吧。

006 多替别人着想

如果你发现了别人的特性,要小心翼翼地使他的优点在众人面前显露出来;但是关于他的缺点,则是要在没有人的时候,悄悄地给予忠告。

要怎么做才能带给别人喜悦，才能让自己得到称赞呢？如果想要带给别人喜悦多于惹人生气，想要得到称赞多于责骂，想要得到宠爱多于被人厌恶的话，那么首先就要懂得去理解别人。因为别人也和你一样，想要带给身边的人喜悦，想要受到称赞，也想要得到爱。

真的做得到吗？其实并不难。只要站在别人的立场，去理解他们的想法，并且给予关怀就可以了。每个人都有属于他自己的习惯、兴趣及专长，你也总是散发着自己独有的特质。但是如果你不多花一些心思在别人身上，也许你就看不见别人身上的独特性了。

如果你发现了别人的特质，可以适时地帮助他在众人面前显露出优点来；但是关于他的缺点，则是要在没有人的时候，悄悄地给予忠告。如果能够像这样替别人着想，使别人的立场不至于太难堪的话，人们就会觉得你是个好人，并对你产生好感。因此，如果想要和某个人成为朋友时，要先观察那个人的优缺点，并且试着去称赞他好的一面。

正如前面所说的，每个人都有其优点，并且都希望得到别人的认同，所以如果能对于那个人想要"被认同"的部分给予称赞的话，他就会对你打开心扉。不过，也不能只是称赞对方的优点而隐藏他的缺点，那并非对待别人的正确态度。

每个人都非常清楚自己的缺点，因此如果只是一味地指出别人的缺点，那也可能会引起反效果。爸爸认为，在指责别人的缺点之前，要先去了解他为什么会这样。这么做才能慢慢地帮助别人改正缺点，也才能算是真正地为他人着想。

007 专心做好一件事

如果无法集中精神去做一件事，就不会有任何的进展，也不会有任何的收获。

要如何才能专心一致呢？活在这个世界上，总会有一些对自己来说很重要的事，那可能不只是屈指可数的几件事。但是要同时做好每一件事并不容易，因此要将你能够做好的事与不能够做好的事区分开来，对于能够做好的事，必须全力以赴。

　　即使是游戏，也要和读书一样，最好能够集中精神认真地玩。如果无法集中精神去做一件事，就不会有任何的进展，也不会有任何的收获！要集中精神去做的事情，也包括生活中的一些小事，例如：当全家人聚在一起吃饭的时候，如果你突然拿起漫画来看，会怎么样呢？你的行为会使同桌吃饭的人也开始分心或不愉快。

　　而你可能也会因为同时做两件事，就不小心把饭粒掉在漫画书上，或是使菜肴掉进汤里去，这样一来，家人就会埋怨吃饭不专心的你。所以吃饭时就只要专心地吃饭，吃完饭再去看漫画，这样家人和你都可以同时专心地做一件事，不是很好吗？

　　有时候，好像过了很忙碌的一天，但是睡觉前仔细想一想，似乎连一件事也没有做好，这就说明你至今尚未拥有专心做一件事的能力。和别人谈话的时候也是一样，不积极地融入谈话中，而浪费精神在一些没有意义的事情上面，这样一来，和你一起谈话的人，就不会再想和你说话了。

　　因此，读书时要将精神专注于书本上，和别人谈话时要专心听别人讲话，游戏时也要集中精神玩乐。

008 让别人对你印象深刻

不管一个人有多么的优秀,如果不具备令别人印象深刻的能力,就无法使别人完全地了解自己。

受欢迎的人，往往具有使自己比他人更杰出的能力。相反地，既自私又冷漠的人，无论书念得有多好，就只能算是一个书呆子罢了。

比如有两栋建筑物，第一栋建筑物非常坚固，任凭风吹雨打也不会动摇，但是外貌与造型并不美丽；第二栋建筑物则不是很坚固安全，但建筑的外貌与造型却好像比较豪华。你会喜欢哪一栋建筑物呢？当然是第一栋建筑物，对吧？

做人也是一样的道理，假设有一个人虽然书念得不是最好，但是常常面带微笑，也有丰富的幽默感；而另一个人虽然功课很好，个性却自私自利，总是带着冷漠的表情。你会更愿意和谁做好朋友呢？当然是有趣又常微笑的人，不是吗？

不管一个人有多么优秀，如果不具备令别人印象深刻的能力，就无法使别人完全地了解自己。而*想要使自己迈出更杰出的第一步，就是要给予别人良好的印象*。孩子，别忘了随时保持礼貌和端庄的态度，并且面带微笑来聆听别人的心声。

009 每天和自己赛跑

遵守与自己的约定，去做自己该做的事情，比起看着别人去做而跟着做来得有意义。

也许你会问爸爸，有没有能够轻易战胜别人的方法呢？竞争并非不好，竞争会使自己得到进步。只不过每个人都想追求悠闲浪漫的生活，因此对于必须随时挑战别人的情况，多半会感到有负担而想逃避。

但是我们却可以在与自己的战争中获胜！遵守与自己的约定，去做自己该做的事情，比起看着别人去做而跟着做来得重要。如果能够先战胜自己，那么与其他人的竞争就会容易多了。

爸爸从你的日常作息中发现，现在的小学生要念的书实在是太多了，也就是说，在小学生之间已经有许多的竞争了。不知道你会不会这样想："啊！如果是在50年前出生，就不用这么辛苦地念书了！"每当爸爸念书念得很吃力的时候，也常常会这么想。

但是50年前的小学生，压力不是来自于课业，而是来自于生活问题。因为那个时候实在是太穷了，所以常常烦恼该如何去解决下一餐，因而无法好好地用功念书。

爸爸想起一位得到马拉松比赛冠军的选手，在接受访问时曾说过："我并非是为了想赢过身旁的竞争者而跑，而是为了要努力去维持我身为第一名的尊严。"

010 勤劳是最棒的特质

如果贫穷的人能够保持勤劳的习惯,即使小小的积蓄也能累积成大财富。所以这个世界上最大的财富,就是"勤劳"。

世界上最没有用的人，就是懒惰的人。爸爸平时常说必须帮助不幸的人，但是并不同情在地下通道里乞讨的年轻乞丐，你知道为什么吗？因为他们很懒惰，拥有健全的四肢却不去努力工作。

即使是拥有许多财富的富翁，如果不勤劳，也无法维持财富，因为再多的财产终会有散尽的一天。相反地，贫穷的人如果能够保持勤劳的习惯，即使小小的积蓄也能累积成大财富。因此，世界上最大的财富，其实就是"勤劳"。

早上睡到很晚才起床，该做的事不立刻去做，总是一直在找借口拖延，都可以算是懒惰的证据。勤劳的人会早起，常常马上动身去做必须要做的事。如果能够保持勤劳的习惯，就可以过上比别人更丰富的人生。

> **TIPS**
>
> 时间给勤劳者留下串串的果实，而给懒汉只留下一头白发和空空的双手。

011 永保专心、恒心、好奇心

有旺盛的好奇心,再加上专心与恒心的话,即使是做一件困难的事,也能够做得很好。

爸爸现在有时候会觉得后悔，为什么当初不针对一件事情，有恒心地做下去呢？尤其是爸爸有时看你对很多事情都只有三分钟热度，不禁想起，爸爸在像你这样的年龄时也是一样，不仅无法专心地去做某一件事，还常去追求流行或是别人都认为有趣的事物。而一旦热潮退去时，又再去找其他的事物。如果将这些称为童年，倒也是一段不错的时光。

　　爸爸了解，像你这样的年龄，总是充满了好奇心，所以要保持专注是很难得的。但是如果能拥有旺盛的好奇心，再加上专心与恒心的话，即使是做一件困难的事，也能够做得很好。

　　想要得到朋友的肯定，或是期待长辈给予的赞许，这些都能够增加你对自己的信心。为什么呢？因为想要受到肯定，想要被称赞，就不会轻易地放弃。

　　爸爸希望你能够成为有恒心的人。以专注的恒心，针对一件事不停地学习，也希望能够因为你在某件事情上做得比别人更好，而得到别人的赞赏。

012 谦虚的人会受到大家的喜爱

不论是何等聪明的人，如果不够谦虚的话，也无法得到别人的爱与尊敬。

"越是成熟的稻穗，就越低头"，这是几天前听到你说的话，爸爸听了内心着实感到惊喜。这句话是学校老师教的吗？因为这是一句非常重要的名言，让爸爸来解释其中的含义吧！

　　事实上，你乖巧又聪明。所以不只是爸爸，连周围的人也常常称赞你，如果你再用功念书得到好成绩的话，就会得到更多称赞。

　　但是孩子，不论你有多聪明，如果不够谦逊的话，一样无法得到别人的爱与尊敬。

　　你也知道，在这世界上有许多很了不起的人，每个人都有其杰出的一面。因此在任何人面前夸耀自己的长处，都是很多余的举动。

　　真正了不起的人，是明白自己的优点和缺点这样的人不会在别人面前摆出强硬的态度，虽然对别人温柔，但对自己的要求却非常严格。

　　每个人都会想得到肯定的掌声，即使你对某件事情很有自信，觉得自己能够做得好，也要记得肯定别人。这样一来，无论你走到哪里，也都能够受到大家的欢迎。

013 说谎是无止境的深渊

说谎是欺骗别人的行为,因为欺骗会粉碎人与人之间最重要的"信任感"。

当你说谎的时候，爸爸都会觉得很生气。回想起来，祖母也是这样教育我，当爸爸对祖母说谎的时候，我的小腿就会被打到淤青！几次下来，我了解到说谎是多么不好的行为，以及祖母的一番苦心后，便下定决心，不再对任何人说谎。

说谎是欺骗别人的行为，因为欺骗会粉碎人与人之间最重要的"信任感"。但是比欺骗别人更严重的事，就是欺骗了自己的良心，因为要恢复被污染的良心是很困难的。而且，说谎是一道无止境的深渊，为了使谎言不被拆穿，谎言会越说越大、越说越多，最后就会成为酝酿犯罪的温床。

即使在自己会吃亏的情况下，也能对任何人诚实坦白，就可以预防问题的发生。尤其是不要有想欺骗大人的想法，因为大人们都经历过像你们这样的年纪，能够掌握你们的想法与说话的方式，所以你的谎言很快就会被拆穿。

不知道你是否听过"善意的谎言"？那是为了不想伤害别人而说的谎言。但即使是善意的谎言，也并非随时都可以说，因为可能会有第二者或是第三者，在不知情的情况下相信了善意的谎言而受到伤害。

总之，爸爸希望你无论在什么情况下，都能够避免欺骗别人。说谎，是无止境的深渊。

014 全力以赴的意志

俗话说:"自助者天助之"。无论面对任何事情,在尚未达到目标以前,都要先尽全力冲刺。

你是否曾经制订计划并全力以赴，直到完成目标为止呢？对了！上次爸爸买给你一本厚厚的书，你很快就全部读完了，你还说读完那本书以后产生了自信心，真是让我感到很欣慰。

　　如果决定要读一本书，就要养成全部都读完的习惯！既然决定今天要读到哪个部分，就要努力地去完成。

　　人与动物最大的不同之处，就是人具有"意志"。不论是像你这样的学生，或是像爸爸这样的上班族，都必须具有坚强的意志，才能成功实现自己的梦想。

　　这世界并非只属于自己一人，而是属于所有人的，因此在达成目标的过程中，一定会发生许多预想不到的事情。在这过程当中去克服障碍，坚持达到目标的能力，就是"意志"。

　　你知道人称"台湾经营之神"的王永庆，原来只是个平凡的卖米小贩吗？当时他为了要和隔壁那家日本米店竞争，可是花费了比其他人更多的心思。因为王永庆不但重视米的品质，还懂得主动关心客户的需求，在他这样坚定意志的努力下，王永庆米店的收入很快就超过那家日本米店了。

　　王永庆能够从当初的小米店发展到今天的台塑集团，可不是一蹴而就的，在他曲折的人生中，面临了许多的困境，但是他却凭借着执著的意志和勇气，不断地在夹缝中求生存，才能创造生命的奇迹。

告诉你一个爸爸小时候同班同学的故事。有一位小朋友的家庭环境很好,所以他能够安心地上学;但是另一位小孩的家庭环境较差,所以他不得不到工厂去打工。

30年后,那位继续上学的小孩只是个平凡的公司职员,而那位无法继续上学的小孩,却变成大工厂的厂长。

爸爸觉得,有时良好的环境似乎会阻碍坚强意志的产生。在良好的环境中,要学习耐心并不容易,因此不需要羡慕那些比你拥有更多物质的小朋友,反而要将你所欠缺的条件,转变成你的有利之处。在困难的环境当中,为了达成目标所产生的自信心,就是个非常宝贵的经验。

爸爸小的时候,也不是个有坚强意志力的人,所以表姐们常常会当面斥责爸爸说:"你为什么那么没有耐心呢?"每当被骂的时候,爸爸总是非常伤心,当场就大哭起来。

当爸爸12岁时,有一天又因为受到姐姐们的斥责而大哭,姐姐们苦口婆心地安慰我,但我却听不进任何的话语,还独自一人走了10公里的夜路回家。

神奇的是,在那次经验后,爸爸反而成为一个意志坚强的人了。"连可怕的夜路都独自走过,还有什么事情可以难倒我呢?"不知你是否也有过同样宝贵的经验呢?

有句话俗说:"自助者天助之"。无论面对任何事情,在未达到目标之前都要全力以赴。

没有意志力的人,绝对无法达成梦想。在未来,爸爸希望你能够以坚定的意志力,来克服在人生中所面临的各种挑战。

TIPS

不是做任何事情都会成功。但是没有坚定的意志去做事情,往往都会在没有达到目标之前就草草放弃了。请你记住,只要你全力以赴,即便失败都是向前一步。

015 正义的守护者

爸爸希望你长大以后,能够被称为是个有正义感的人。

你认为正义是什么呢？所谓有正义感的人，又是指何种人呢？我们常常可以在有趣的漫画书中，看到这样的例子。

漫画中的主角，常称自己为"正义的守护者"，就是指：不顾自己本身的利益，却处处为别人着想，甚至为了打击罪恶不惜牺牲生命，或者是为了坚守正义而努力的人。

但是在现实社会中，究竟有多少人保持着这样正义的心态呢？在你看来，有正义感的人，究竟有多少呢？

在现代的社会中，正义感渐渐地消失了。因为大部分的人，在为别人设想之前，总是会先想到自己。但是仔细观察周围，还是会发现仍然有许多为他人着想、坚持正义的人。但是他们并非像漫画当中所出现的主角一样，是又帅又了不起的人，反而常是一些地位不高、财产也不多的普通人，他们常常苦恼着要如何去帮助那些比自己生活更困难的人们。

有谁命令他们做那些事吗？没有。那只是因为他们拥有一颗为他人着想的正义之心。你也能够拥有先为他人着想的美丽心境吗？爸爸希望你长大成人之后，也能被称为是个有正义感的人。

016 智慧从经验累积而来

在必须做出困难决定的瞬间,以及处于为难的处境中时,智慧皆扮演着非常重要的角色。

历史上以智慧闻名的第一人选，就是所罗门王。从前，国王必须要处理所有的判决，因此所罗门王也身负法官的责任，他常常必须运用智慧，为人们复杂的纠纷做出判决。我来告诉你其中一则最有名的故事吧！

当时，有两个女人为了争夺一个小孩而吵闹不休，于是所罗门王传唤这两个女人到宫里来。两个女人都说了一段她跟小孩之间的故事，听起来都很真诚，所以实在是难以分辨到底谁才是孩子真正的母亲。所罗门王沉思了一会儿后，对两个女人说："你们一人拉住小孩的一只手，谁能把小孩拉到自己身边，小孩就归谁。"于是，两个女人开始依照所罗门王的命令，一左一右地拉着小孩的手。小孩在两人用力地拉扯下，因为感到疼痛而放声大哭。听到这样的哭泣声，其中一个女人便稍微松了手，另一个女人则趁机将小孩拉到自己身边。

最后，所罗门王却把小孩判给了那个中途松手的女人，因为真正的母亲把小孩看得比自己的生命还宝贵，所以他能判断，不希望孩子受到一点伤害的女人，才是这孩子真正的母亲。

像这样在必须做出困难的决定瞬间，或是处于为难的处境时，智慧皆扮演着非常重要的角色。因此，有智慧的人反而比有知识的人，更容易过上愉快的人生。你知道智慧是从何而来的吗？就是在许多生活经验当中获得的。

所以，从现在开始，对于你所面临的每一件事，都必须比以前更认真地思考才行，因为你每一次所做的决定，都将成为累积智慧的资源！不论是好的经验或是不好的经验都是如此。

017 告诉自己，我办得到！

期望你能够时常保持正面的想法。因为正面的思考与话语，会为你带来更美好的未来。

儿子，当你口渴时，如果杯子里有半杯水的话，你会有什么反应呢？

有些人会说："啊！还有半杯水呢！"有些人则会说："啊！只剩半杯水了！"

第一种人就是抱持乐观思考的人，第二种人则是抱持悲观思考的人。这两种不同的思考模式，肯定会产生不同的人生结果！

人们会按照内心的思考模式来表达自己的看法，持有正向思考的人，常常会说出乐观的话语，而人们往往会依照自己所说的话去行动。举例来说，如果说得出"我爱妹妹"这句话，那么就不会做出讨厌或欺负妹妹的行为，累积经验之后就会养成习惯。所以，思考会影响话语，话语会左右行动，行动则养成习惯。

然而，抱持有悲观想法的人常常会说："我办不到！"结果就真的一事无成。相反地，抱持有乐观思考的人会说："我办得到！"于是无论任何事都能做得到。

孩子，即使你所面对的情形每况愈下，爸爸也期望你能够时常抱持着乐观的想法，为自己带来更美好的未来。

018 爸爸的偶像

在某些不知如何是好的情况下,可以想想你所尊敬的人物,并试着思考"如果是那个人的话,他会怎么做呢?"

从小到现在，爸爸所尊敬的人，几乎超过了 100 位。爸爸读过许多书，也遇到过不少的人，我努力地想要学习他们的想法或生活方式。

现在爸爸最尊敬的人物，就是麦克阿瑟将军。麦克阿瑟将军是历史上最了不起的军事家之一。即使在麦克阿瑟将军去世数十年后的今天，他仍旧受到许多人的尊敬，他在 1942 年还荣获"最佳父亲奖"。他的得奖感言是："我的职业是军人，我以身为军人为荣。但比那更值得我骄傲的是，我是个父亲。虽然军人杀了很多敌人，但是他也间接拯救了许多生命。在我死后，希望我的孩子不要记得有位身为军人的父亲，而是记得他有位坚强的父亲。"因此，他是想做个好爸爸的我最尊敬的对象。

爸爸常常将所尊敬的人物放在心中，每当遇到困难时，就习惯性地思考："如果是那个人的话，他会怎么去克服问题呢？"这种思考方式，真的可以使我在任何情况下，几乎都能做出正确的决定。

希望你也能够像爸爸一样，在某些不知如何是好的时候，可以在心中刻画自己所尊敬的人物，并思考"如果是那个人的话，他会怎么做呢？"

爸爸希望你也可以试试这个好方法！

一定要告诉儿子的那些事

019 请尊敬你的老师

尊敬老师的人,他的人生绝不会失败。希望你也能够向老师学习人生的道理。

影响爸爸一生最深远的人，就是爸爸所有的老师们，特别是小学三年级时的班主任。因为教导学生是老师的责任，所以老师会比一般人更具有丰富的知识与道德。因此，你能够通过老师学习到丰富的知识。

但是爸爸想对你说的是，要从老师那里学习比知识更宝贵的内容，也就是老师的生活方式。你应该知道每个人的身上都有值得学习的地方，尊重并跟随他们，也能够使你获益良多。有句话说："一日为师，终身为父。"老师并非只是个教你知识的人。

你是否曾试着从他们身上找寻可学习之处呢？有一次我突然听见你说："我们老师真讨厌！"爸爸希望那不是你的真心话。

虽然你现在还是小学生，但是已经遇到过不少的老师，这些人当中有些是你喜欢的老师，也有些是你不喜欢的老师，但是，爸爸希望你可以试着从他们身上寻找可学习之处，相信你一定会有所收获的！你会发现有的老师是充满活力的，有的老师拥有一颗温暖的心，有的老师则是有丰富的知识。

孩子，尊敬老师的人，他的人生绝不会失败。爸爸希望你也能够向老师学习人生的道理，好吗？

020 朋友是一辈子的事

结交益友就像是帮自己的人生保了平安险一般,无论何时何地都能够安心自在。

有一天，你和朋友在外头玩到很晚才回来，你还记得爸爸曾经问你和谁在一起吗？那时，你说是和同校的东修、雨植一起玩耍，但是爸爸的内心却十分担忧。

当时爸爸需要时间去思考该怎么对你说，你却喊累而先回房休息了，所以爸爸想借这封信跟你说，希望你了解"朋友是一辈子的事"。

爸爸知道他们是你喜爱的朋友，你们一起度过了愉快的时光。因此爸爸的话可能会让你伤心，但我仍然希望你可以了解爸爸的用意。

你也知道东修常常耗在电动玩具店，对于读书和其他的休闲活动漠不关心。而雨植曾经偷过朋友的东西……

爸爸担心你被他们带坏，每次你和他们一起玩耍回来之后，我都会非常地烦恼。

在爸爸小的时候，爷爷也曾经给我类似的忠告，让我来告诉你这个故事，听听看吧！

那是在爸爸12岁时所发生的事情。在村子里，有个比爸爸大5岁的哥哥，常常带着我一同上山游玩。

有一天，爷爷突然不准我和那个哥哥一起玩。我当时不懂爷爷的用意，只是哭着说："为什么不让我交朋友呢？"

有一天，那位哥哥拜托我帮他搬两个木箱子，因为他第一次对我提出请求，所以我毫不犹豫地答应了，搬完箱子后，我就回家睡觉了。

第二天，爸爸被爷爷大骂一顿，还被带到警察局去。也不知道是为了什么事情，爷爷一直不停地向警察先生道歉。

后来才知道，那两个木箱子是那位哥哥从老师那里偷来的。爸爸知道事情的真相之后非常惊讶，经过那次事件以后，爸爸就明白爷爷的苦心了。

爸爸希望你不要犯下和我一样的错误，并且要结交益友。你听过"物以类聚"这句话吗？意思是说类似的人会聚在一起。所以，观察一个人所结交的朋友，就可以了解他的个性。

结交益友就像是帮自己的人生保了平安险一样，在任何时候都能够安心。即使是身处困境，你也能够得到朋友的帮助。

就像是飞弹，即使具有再精确的飞行性能，如果发射台不够稳固，也毫无用处，不是吗？益友就像是为了自己人生的某个目标，所必需的安全发射台一般。

说了那么多交朋友的方法，爸爸相信你应该都很清楚才对。受到大人们的肯定，具有正确的言行等等，这样的朋友就是能够带给你良好影响的人。

但是也不需要因此对那些有坏习惯的小孩，抱持着异样的眼光或是讨厌他们，甚至刻意冷落他们，爸爸只是希望你身边能够有值得信任的好朋友。

儿子啊，当爸爸看到你结交益友时，就会更信赖你，并且对你的未来感到放心。别忘了，朋友是一辈子的事！

021 倾听朋友的心事

学习倾听朋友的心事,让朋友知道你是在乎朋友的。

如果你结交到好朋友的话，就要与对方维持长久的友谊，并且努力地不要让朋友对你失望。如果不想使朋友失望，就要让朋友感到喜悦，那么要怎样做才能让朋友感到喜悦呢？以爸爸的经验来看，这并不难做到。

事实上，只要能拥有想让朋友感到喜悦的心情，朋友就会很开心了。请学习倾听朋友的心事，因为那能让朋友知道你是在乎他的。这么一来，你就会感受到朋友之间坚固的友情。

让朋友喜悦的方式，不只是倾听而已，说话的时候也是一样。假如只有你自己一人在唱独角戏，听的人就会感到很无聊。

另一方面，不能因为对方总是不停地说，你就露出厌烦的表情，即使那个朋友是你并不怎么喜欢的人，也要真心地听他说话才对。那么，你的朋友将会感谢你，也会肯定你在他心中的地位了。

TIPS

学会倾听会让你的生活变得高效。

022 从小地方做起

稳重的人无论在何处,总是会做出合乎其品性的行为。大人们只要观察孩子的一个行为,就可以知道他平常的习惯。

"见微知著"这句成语，不知道你是否曾经听过呢？爸爸小时候无法明白这句话的意思，当年纪渐长之后，才领悟到其中的意思。

　　爸爸曾经对你说过我在大学时期为了赚取学费而去当代课老师的事情吧！那时，爸爸特别观察了几位小朋友，因而了解到"见微知著"这句话的意义。有一个小朋友常常在上课时忘了带书和笔记本，所以一同上课的同学，就必须和他一起看书，但是这种行为却常常造成其他同学的困扰。爸爸虽然劝告过那个孩子好几次，但是他的态度依旧没有改变。他在学校是个调皮的学生，在家里也是个爱惹是生非的孩子。

　　稳重的人，无论在何处，总是会做出合乎其品性的行为。也就是说，大人们只要观察孩子的一个行为，就可以知道他平常的习惯。

　　爸爸希望你无论在何处，都能够成为一个稳重的人。

023 老人家是智慧的宝藏

努力向老人家们学习你所未曾经历过的人生经验。无论过着多完美的人生,轻视长者的人,总是会遭到惨痛的教训。

那是爸爸高中三年级的事情了。当时要考大学，就像是要打一场激烈的战争，所以爸爸每天的压力都很大。

　　由于家人对爸爸抱有很高的期望，大家也都不想再给我额外的压力，因此即使我犯了错也不会大声斥责我。但是爸爸却以为，只有我自己一人承受着莫大的压力，而对爱我的家人，做了一件让我终生后悔的事情。

　　那时住在乡下的奶奶刚好来探亲，预计在我们家住一个月，爸爸对于要和奶奶共用一个房间，感到非常不方便。

　　爸爸想要晚睡晚起，但是奶奶却是早睡早起，又常常唠唠叨叨念一大堆，让爸爸感到很厌烦，所以常对奶奶不太礼貌。

　　爸爸总是气呼呼地回答奶奶的问题，也常常做出不耐烦的表情，有时候甚至装作没听见奶奶的话，闷不吭声。

　　有一天，当我背起书包要上学时，奶奶又在唠叨了，吩咐我多穿件衣服、记得要系好鞋带、早饭怎么可以吃那么少等等。我感到很厌烦，也不回答一声就出门去了。当我傍晚回到家里时，却看到妹妹哭得很伤心。

　　原来是奶奶去世了……

　　爸爸非常震惊！并且为自己对奶奶所做的傲慢行为感到后悔，

同时也因为没能够对奶奶好一点而感到遗憾，但是一切都太迟了！因为奶奶已经不在人世了。

从那时候起，每当我看到老人，就会想起去世的奶奶而懊悔不已。也许是因为如此，所以爸爸现在每个周末都会去养老院，当一个服侍老爷爷、老奶奶用餐的义工。

在爸爸的一生中，最后悔的就是这件事。没有人会永远活在这世界上，每个人都不知道自己何时会死，因此不要互相给予伤害和痛苦。特别是老人们活在世上的日子已经不多了，也许你将来没有为自己的过错祈求宽恕的机会。

当老人家的观念与你有差异，或是出现沟通上的困难时，应该耐心地去了解老人家的意思。

如果把像你这样的小孩，比喻为一张只画了几条线的图画纸，那么老人就像是一幅已经完成的图画，要在图画纸上再增加些什么东西是很困难的，所以要说服老人家们接受你的想法，并没有那么简单。

反而是你应该努力向老人家们学习你所未曾经历过的人生。
无论过着多成功的人生，轻视长者的人，总是会遭到惨痛的教训。

去欣赏一幅已经画好的图画，并将他们的经历作为借鉴，再努力去学习他们的优点，即使你遇上困难的挑战，也能够因此得到宝贵的经验，不是吗？

这个礼拜要不要跟爸爸一起去养老院呢？上一次老爷爷、老奶奶们不是都很喜欢你吗？

这一次，试着展现你的歌唱实力吧！老爷爷、老奶奶们一定会很高兴的。而且，从这些老爷爷、老奶奶身上，爸爸相信你会看到另一种不同的人生智慧。

024 小人物的哲理

爸爸希望你可以从小事开始,将你所负责的任务尽全力做好。如果连小事都做不好,却抢着做大事,是不是不合理呢?

你还记得吗？有一天，你看起来心情不太好，爸爸问你发生了什么事，你回答说没什么，也不愿意仔细说清楚，所以爸爸也就没有再继续问下去了。后来才听你妈妈说，原来那天你们班上举行了班长选举。

妈妈说，你因为没当选班长却当选了卫生委员而感到垂头丧气，爸爸可以理解你的心情。

也许你的同学表面上没有表现出来，但是大部分的人心里都想成为班长。当班长多好啊！班长是一个班级的领袖。但是如果每个人都当班长的话，那么由谁来当卫生委员呢？

爸爸希望你可以在当上班长之前，先将卫生委员职务认真做好。为了要做一个尽责的卫生委员，应该先想想看必须要做些什么事，并且提醒自己不要出差错，尽全力去做，让老师和同学都感到满意！渐渐地，老师和同学就会开始肯定你的能力了。如果大家都肯定你的能力，也许你很快就会当上班长了。

所以，爸爸希望你从小事开始，将你所负责的任务尽全力做好，例如写作业、清理房间、遵守与朋友间的种种约定等等。如果能做好这些事的话，随时就会有做大事的机会来敲门！

孩子，如果连小事都做不好，却希望做大事，是不是有点不太合理呢？

025 自己的事情自己做

无论什么事情都能够认真去做，就会得到别人的肯定，并且增加自己的实力，大家自然也会看见你的努力。

今天爸爸看了你的房间之后，感到非常生气，简直像垃圾堆一样，玩具和书散落一地。为什么你连自己要做的最基本的事都没有做好呢？爸爸在想，是不是爸爸连这种小事都没有好好教你呢？所以，爸爸决定与其再买玩具送给你，不如先教导你养成"自己的事情自己做"的好习惯。

爸爸认为你现在已经能够做好自己责任内的事情了，思考的方式也逐渐成熟了。也就是说，你已经拥有能够随心所欲的自由。那么，就像你所享有的自由一样，你是不是也应该先尽到你该尽的责任呢？特别是自己的房间，应该要由自己来清洁打扫，而不是等妈妈来帮你做。

写作业时也是如此。只要再努力想一下就可以解决的问题，如果丢给别人来帮你做，对你有什么帮助呢？老师为了要提升你的实力，才会交待这些作业。但是你不自己做，反而依赖别人，那么你的成绩就会落后给那些自己做作业的小朋友了。你也不希望这样吧！

所以，从现在开始，爸爸希望你要养成"自己的事情自己做"的习惯。这样一来，你将会成为比现在更独立更稳重的人。

026 像个男人般挺起肩膀

为了培养责任感,爸爸想告诉你,在做任何事之前最好养成事先评估是否能够确实完成的习惯。

记得你小的时候，爸爸曾问你："长大后想做什么呢？"你回答说："想当军人或是警察。"你的答案跟一般的男孩子很像。再问你为什么想成为军人或是警察，你说："可以保护国家！"你的想法让爸爸觉得很欣慰。

虽然你年纪还小，但也许是身为男生的缘故，所以有想要保护人、照顾人的念头，但是要保护某个人，是一件伴随着许多责任的事情。现在你的身边有爸爸妈妈，无论你发生什么事情，爸爸妈妈都会来帮你解决；等你以后长大了，你还是要依赖爸爸妈妈来保护的话，就是一件羞愧的事。

为了培养责任感，爸爸想告诉你，在开始做任何事之前，最好养成事先评估是否能够确实完成的习惯。

美国第33任总统杜鲁门，在他的办公室里挂着一句话："一切的责任由我来承担。"身为美国总统，必须保护许多人，因此他用这句话来时时警惕自己的责任，使自己的决定不至于出差错。爸爸听了这个故事后非常感动。

儿子啊！真正的男子汉就是要对自己的事情负责。

027 与自己做个约定

比起能否遵守与别人的约定,更重要的是能否遵守与自己的约定!

常常听人说要"遵守约定",但是为什么要遵守约定呢?

因为不遵守约定,就会失去信任;一旦失去信任,就会使人际关系受损,所以一定要遵守约定。

但是如果要遵守约定的对象就是"自己"的话,又要怎么做呢?令人惋惜的是,人们并不太遵守与自己的约定。

每个人到了一月的时候,都会为新的一年制订计划,也下定决心要做到,但是过了几个月之后,就把之前的计划忘得一干二净了。爸爸也是无法完美地做到,即使下定决心这一次一定要遵守计划,可是到了年尾,回想这一年的情况时,却发现仍然有许多事情并没有按照计划做好。所以比起能否遵守与别人的约定,更重要的是能否遵守与自己的约定!别说是一年,遵守一天的计划也不容易。下定决心要早起,却还是睡得很晚;决定放学后要念书,却又与朋友玩到很晚才回家,你是不是也常常遇到这种情况呢?

爸爸现在并不是在指责你,爸爸只是希望你能够明白,就算当时因为受到诱惑而无法遵守与自己的约定,事后也要反省,并期许自己以后不会再犯同样的错误。当你反省自己的一天是如何度过时,也要回顾自己是否遵守了约定。如果没有遵守,就要事后反省,并记得以后绝对不能再犯相同的错误了。

028 向着目标全力以赴

为了目标全力以赴，就是指为了达成目标，必须要有能放弃次要事情的坚强意志。

最近爸爸和你最喜欢的运动项目，大概就是篮球了。

每当观赏篮球比赛时，心中总会浮现坚定的爱国心和狂烈的热情。你也一边看篮球赛，一边说："爸爸，我以后也当篮球运动员，好不好？"

你说你最喜欢的篮球运动员是姚明，对吧？但是你知道姚明为了成为优秀的运动员，付出了多少努力吗？像这样，成功的人都会为了要达成目标，而彻底地做好自我管理，这就是他们的共同点。

所谓为了目标全力以赴，就是指为了达成目标，必须要有能放弃次要事情的坚强意志。

像姚明这样的许多成功的人，全都为了达成目标，而放弃了种种的欲望，同时也克服了许多负面情绪。

任何人为了得到自己所喜欢的事物，都必须做好，就像是你为了要读你喜欢的书，就得去克服必须久坐的困难，或克服自己想偷懒睡觉的欲望一般。儿子啊！向着目标，全力以赴！

029 人与人之间的第一句话

打招呼的人与接受招呼的人,双方都要感到愉快,才能算得上是真正的打招呼。

打招呼是人与人之间往来的第一句话。打招呼在我们的日常生活当中，扮演了非常重要的角色。任何人都会对主动向你打招呼的人有好感，不是吗？

当完全不认识的人碰面时，可以通过打招呼来告诉对方自己是谁；通过打招呼，也可以使原本互不相识的人彼此认识。如果想要有良好的第一印象，就可以常常向别人打招呼，这是大家都知道的常识。

还有，向自己尊敬的人或喜爱的人打招呼，也能借此表达自己对他们的好感。你可以用明朗又亲切的表情和态度向他们问候。

不过，爸爸要提醒你，打招呼时要根据时间和场所，以及配合各种情况，来说出合宜的话语。如果面对心情很好的人，很沮丧地打招呼的话，对方喜悦的心情就会立刻消失了，不是吗？相反地，对于正处于悲伤情绪的人，却以开玩笑的口吻或轻率地打招呼的话，你就会被认为是个既轻浮又幼稚的人，以后别人就不想再看到你了。

打招呼的人与接受招呼的人，双方都要感到愉快，才能算得上是真正的打招呼。如果是迫不得已才打招呼的话，勉强的情绪就会不自觉地表现在脸上，这样会使对方不高兴，甚至感到被侮辱。这么一来，打招呼就没什么意思了。即使是对于非常讨厌的人，也可以试着真心地向他打招呼，这样或许可以减少他对你的偏见，而渐渐恢复两人的关系。

030 主动学习的乐趣

读书需要自己领悟到其中的乐趣,并且要有主动学习的心。

你是否曾经在读书时，感受到主动学习的乐趣呢？爸爸曾经听很会读书的人说，要体会到读书的乐趣，书才会读得好。事实上，爸爸并不担心你无法领悟到这些道理，只是希望你可以早些明白，最重要的学习习惯是什么。

　　每个人都各自负责自己分内的工作。农夫们在田里耕种，使人们有米饭、蔬菜、水果可吃；工人们在工厂工作，制造日常生活中的必需品；渔夫们出海捕海产，让我们有美味的鱼虾蟹贝可吃。

　　但是如果他们连自己所负责的事情都做不好的话会怎么样呢？农夫若不耕种，那么向农夫买米来吃的人们就没有饭可吃了。同样，工人们若不工作，人们就无法获得生活上的必需品。

　　像这样，人们对于自己该做的事情，必须尽全力去做。那不只是为了别人，同时也是为了自己啊！

有些父母认为学校上的课还不够，下了课还送孩子去补习班，甚至花大笔的钱请家教，增加许多额外的课业，希望借此培养孩子的实力。但爸爸认为，书要念得好，并不是要靠那些额外的补习，根本的方法是如何珍惜拥有的时间，来更有效地学习。

爸爸读过大学，我可以肯定地告诉你在学校认真学习的重要性。无论上再多的补习班，如果在学校不认真听讲的话，在补习班上课时也不会认真听讲，考试时就不可能会有好成绩！还有，看太多的参考书和习题也不太好。特别是有很多小孩，这本习题写一半，又换另一本习题，换来换去，这份测验卷也做，那份测验卷也做，到了后来，可能会在不知不觉间越来越讨厌念书。其实，应该先确实地念好教科书才对。如果仍嫌不足，可以再选择一种参考书，不间断地练习，就会得到效果。

考试时，也有方法要领。在学校考试前，你可以先预测考题。起初可能猜不出考题，但反复思考几次之后，就渐渐地能预测出可能会出现的考题。特别是上了高中以后，教导每个科目的老师都不同。如果在各个科目的上课时间里，集中精神认真听讲的话，要预测考题并不难。因为在上课时，老师所讲的内容，大部分都会出现在考题中。因此，只要在课堂上认真听讲，想得到好成绩并不是件太难的事情。

另外，也不可忽视平时的研读。养成在上课的前一天先预习所要学习的内容再听讲的习惯吧！如果能事先预习上课内容，在老师讲解时就能更容易理解，这样也就能将所学的内容牢牢记住。到了考试时，根本不用临时抱佛脚。

读书需要自己领悟到其必要性，并且要有主动学习的心。如果能按照爸爸所讲的读书方法去实践的话，即使要增加你的玩耍时间也无妨。

031 书是无言的老师

像你这样的年龄,要多读些好书,以培养长大以后要完成的梦想。

你听过"书是无言的老师"这句话吗？因为书籍记录了许多伟大的人物，有关于他们一生的经历、智慧、想法与知识，我们读了那些书的内容，就可以吸收别人的宝贵经验。

好的书籍可以塑造出优秀的人，爸爸和你所知道的伟人，全都是读了很多书的人。喜欢念书的人，都会拥有丰富的见解。

特别是像你这样的年龄，是人生当中最重要的时期，所以要多读书。读好书，可以实现长大以后要完成的梦想，并成为端正的人。但并不是要你漫无目的地读书，读完一本书之后，要将其内容消化为自己的想法。如此才算得上是真正的读书。

读书的方法有许多，重要的是需要有一套适合自己的读书方法才行。对于像你这样年纪的小孩来说，与其偏重于阅读某一种类的书籍，还不如平均地阅读各种领域的书籍。

即使是读同样的一本书，每个人的感想也会有所不同。因此，要养成你自己独特的读书习惯。在这么多书当中，希望你能选择对你有益的，你所能够消化的书。

032 百闻不如一见

旅行能够带给人们欢乐,离开喧嚷的都市到远方旅行,直接亲近大自然的美丽与浩瀚。

离开喧嚷的都市到远方旅行不仅能够带给人们欢乐，更可以直接领悟到大自然的美丽与浩瀚。虽然也有人可以对你说明大自然的种种，但是那会比你直接用眼睛去看、用耳朵去听、用皮肤去感受，来得更真实吗？

书本能够教导并告诉你所不知道的事物，但若认为只要读过书就明了一切的话，便是个很大的错误。举例来说，不能因为在书上看过卢浮宫的照片，就认为自己已经明白卢浮宫的一切，应该要实地去走走，亲眼见识它的规模与样貌，欣赏其中的庭园造景以及典藏的名画古物等等，才能够说是真正地了解卢浮宫。

为了能够具体地了解各种知识，我们可以常常去旅行。爸爸希望你能将在学校以及通过书籍和电脑所学的知识，再结合实际的观察，清楚明白地将想法烙印在脑海中，将来若有机会去旅行时，你可能会因此发现它们和过去所知道以及所想象的完全不同。

记得千万不可囫囵吞枣，要抱持着好奇心去研究各种问题。如果有不明白的地方，可以随时向你的师长或爸爸请教。

033 失败并非结束，而是开始！

希望你无论面对什么样的困境，都不要轻言放弃，把失败当作成功的踏板，不要害怕再次开始。

大部分的人在做某件事之前，都会想起过去失败的阴影，而不敢再次尝试。

为什么人们会害怕失败呢？根据一位心理学家说，那是因为人具有"羞耻心"。除了害怕失败，人们更厌恶失败时被他人嘲笑和指责，最后会使自己变得自怨自艾，而不想再次挑战难题。

假如你失败了，记得要抛弃这种不必要的羞耻心，丢脸只是暂时的，为了做更大的事，必须要有无视于他人眼光的勇气。例如，你在学校因为成绩很差，被其他的小朋友嘲笑，也被老师和爸爸妈妈骂。但是一切并非就此结束，不是吗？反而越是这样，就越要努力，下次才会有好成绩！如果你能这么做，之前嘲笑你的小朋友将会认为你很了不起；你也会得到老师和父母的称赞。但如果就此自暴自弃的话，那你永远只能当个失败者。

爸爸希望你无论面对什么样的困难，都不要轻言放弃，把失败当作成功的踏板，不要害怕再次开始。爸爸相信下一次你一定会成功！

TIPS

失败是成功之母。

034 成功人物的特质

当你去称赞别人的长处，或给予别人很高的评价时，对方会感到被认同，同时也会去试着发掘你的优点。

如果在你周围有比你更成功的人时，你会怎么想呢？是否曾经因此而讨厌那个人呢？如果曾经如此，那你就要好好反省了。

每个人都会有成功与失败的时候。曾经失败过一次的人，并不会因此永远失败。相反地，曾经成功的人，如果就此安逸自满，也会招致失败。但是，如果你因为自己的失败，就憎恶成功的人，这样做对吗？假如你成功了，而且成为大家羡慕的对象，但却被某个人所厌恶，你会不会很伤心呢？

一般人都只看见别人的缺点，却看不见别人的优点。而且无谓的嫉妒，会浪费许多精力在厌恶与批判别人的成功上。

当然，如果那个人并非靠实力，而是以不正当的方法赢得成功的话，就要勇于去批判他。因为不畏惧给予对方指正，才是有勇气的正当行为。与其去讽刺别人的缺点，不如去挖掘别人的优点；与其去嫉妒别人的优点，不如去发现并改正自己的缺点。如果能这么做，那么你就具有成功的特质。

当你去称赞别人的长处，或给予别人很高的评价时，对方会感到被认同，同时也会去发掘你的优点。

爸爸希望你能够努力地成为赢得他人赞赏的人！

035 你常说错话吗?

说话是了解并判断一个人最直接的方法。只要与某个人交谈之后,就可以大致了解那个人的想法。

最近看到人们常常会有说话轻浮的情况。走在街上，常常听到令人惊讶的对话，尤其是很亲密的朋友，都互相掺杂着粗俗的字眼来交谈；也有些人为了一些芝麻绿豆的小事，就大发雷霆地叫骂。甚至连像你们这种年纪的小孩，也是满口的脏话。

说话是了解并判断一个人最直接的方法。也就是说与某个人交谈之后，就可以大致了解那个人的个性。因为一个人的知识水准、想法与行动，都会流露在他所说的话语当中。

如果你也有说话轻浮的习惯，就要快一点改正过来。因为那些话语，绝对不会使你成为一个稳重的人。如果你身边有朋友常说那些轻浮的话语，你也要引导他改掉这个坏习惯。爸爸希望你能了解，礼貌且适当的话语，是成为一个端正又优秀的人的第一步。

TIPS

孩子你要切记，说脏话在你未来的生活中解决不了任何问题，只能增加不必要的麻烦。礼貌是在生活中与人融洽相处很重要的基本素质，人生来平等而自由。拥有健康体魄的同时，我们更要让自己变成一个有礼貌的君子。

036 勇于承认错误

要记住,当有人责备你时,表示这当中有你所不明白的错误,所以我们要常常注意自己的行为举止,并且谦虚地生活。

你知道今天发生了什么事吗？也许你还不知道，爸爸今天到学校去与你的老师面谈。因为昨天你的班主任打电话来，说你和其他的小朋友打架，但你却不承认自己犯了错误。

爸爸当时对你非常失望，但是到学校和老师沟通过之后，才比较了解你的想法。你是因为想要帮助一位在班上受到冷落的同学，才和几个小朋友发生争执，后来老师责备你时，你却不承认有错，自始至终都不肯请求原谅。

你要保护被冷落的小朋友，这是件好事，但是在任何情况下都不可以使用暴力来解决问题，因为那是不对的。如果不是为了保护自己，绝对不可以使用暴力。

还有，必须要勇于承认自己所犯的错误。即使你认为没有做错的地方，当大人责备你时，也应该要先检讨自己是不是做错什么了？如果当时不明白自己的错误，也该虚心地询问。如果老师没有马上阻止这场纷争，你可能会犯下更大的错误，所以老师才会责备你。否则，以后你们一定还会打架，而且越打越凶。

要记住，当有人责备你时，表示这当中有你所不明白的错误。要常常注意自己的行为举止，并且谦虚地生活，那将会使你成为一个端正的人。

037 和爸爸一起去旅行

也许你平常会觉得不喜欢户外活动,但是当身心皆感到疲惫时,可以到郊外走走,这对于消除疲劳很有帮助。

人是属于大自然的动物，令人感动的大自然总是拥抱着我们。在都市中生活久了，也许你平常会觉得不喜欢户外活动，但是当身心皆感到疲惫时，若能到郊外走走，对于消除疲劳很有帮助。

　　也正因为如此，所以爸爸很喜欢旅行。走入大自然，仿佛有回到故乡的轻松感觉，一切的欲望也都消失于无形。

　　这个周末和爸爸一起去旅行吧！请妈妈为我们准备好吃的点心，我们可以坐在小溪的岩石上吃午餐，欣赏风景和拍照。和爸爸一起来场男人和男人的对话，如何？爸爸有很多东西要教你，也有很多话要告诉你。

　　对了，爸爸还想和你分享，关于我以前在旅行时所学到的常识与感受。等你长大以后，自己一人去旅行时，这些常识一定会对你有所帮助的。

TIPS

感悟自然可以净化自己的心灵，忘却成长的烦恼。

038 健康就是财富

即使是拥有许多财富与名誉的富翁,如果没有健康的身体,财富和名誉也毫无用处。

在这世界上，没有什么比健康更重要，所以随时强调健康的重要性一点也不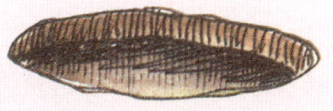
为过。即使是拥有许多财富与名誉的富翁，如果没有健康的身体，财富和名誉也毫无用处。忽视并且损害自己健康的人最笨了。

你常在寒冷的天气里因为吹冷风而感冒，或是因为暴饮暴食而肚子痛，对不对？这些都是不懂得爱惜自己身体的人所做的行为。

所以爸爸现在想告诉你维持健康的方法。要仔细地看，好好地学，才知道要怎么做能维持健康。

为了健康不可以偏食，什么都要吃。偏食对健康是不好的。特别是蔬菜类的食物，因为蔬菜可以提供给正在发育的你所必需的营养素，是很重要的食物。

还有，尽量少去快餐店。那些食物虽然好吃，却是有害健康的不良食品，也是造成儿童肥胖的主要原因。泡面、零食、碳酸饮料等，也和快餐一样，是不好的食品。如果常吃那些食物，以后会容易患各种疾病，所以一定要避免食用它们。

为了身体的健康，也要常做运动。虽然这是每个人都知道的事，但要实践起来却不容易。与其勉强抱持着一定要做某一项特别运动的想法，不如在天气稍为凉爽时，做些简单的体操或是跳绳、跑步来伸展筋骨。如果连这些也难以做到的话，轻松的散步也很好。

如果你喜欢的话，也可以选择一种特别的运动来做，像是防身术或跆拳道。像这样的运动方式，既可以达到健身的效果，也可以学习保护自己。

早上起床后，可以喝一杯水，有助于肠子的蠕动，就会想上厕所。能这么做的人，基本上来说都是健康的，所以要养成起床后先喝一杯水的习惯。虽然刚开始时可能会很辛苦，但一阵子之后，你就会发现自己的身体变得很轻松了。

还有，要有充足的睡眠。如果总是一直玩游戏、看电视，思绪会变得混乱，就会睡不着觉。感到疲倦时，可以做做运动，或是读一点儿书，让头脑放松，都是帮助入眠的好办法。如果没有充足的睡眠，即便再怎么充实地度过一天，也会觉得累。

在你睡觉时，身体的各个器官处于休息的状态，并凝聚第二天所需使用的能量，因此一定要有充足的睡眠，才能完全消除疲劳，使你在第二天充满活力。

到目前为止，爸爸说了许多维持健康的方法，全都记住了吗？如果想不起来的话，和爸爸一起尝试，好吗？

当爸爸下班以后，我们可以一起出去做运动，一起比赛跑步和跳绳，来培养体力、锻炼身体。

如果你照爸爸所讲的去做，你就能够拥有健康的身体。希望你能够明白，健康是无法以任何东西来交换的珍贵财富。

039 学习安排
自己的生活

为了能够有效地利用时间,要先排出一天的行程。并确实地完成自己所制订的计划。

时间比一切都重要。就像是覆水难收一样，大家都知道逝去的光阴是不会再复返的。

所以天下的父母都希望能帮助孩子们，从小就学会珍惜并活用时间，你也要好好地听爸爸的话，学习活用时间的方法。

为了能够有效地利用时间，要先规划出一天的行程。你可以试着制订出从早上起床开始一直到睡前的计划。否则，马马虎虎地度过一天的话，不知道会浪费多少宝贵的光阴。

让爸爸来描述你一天中的行程吧！你大约在下午4点时，从学校放学回来，然后去补习班补习约1个半小时；回到家以后，就立刻坐在电视机前面看卡通；卡通播完后，开始坐在电脑前玩游戏；晚餐时间，你勉强吃了几口饭后，又赶紧坐回电脑前面打游戏；直到接近睡觉时间，才开始坐在书桌前写作业，这就是你的一天！作业才写到一半就睡着了，爸爸只好把你抱到床上去睡，这种情形已经不是一天两天的事了。

你想起来会不会觉得很惭愧呢？像这样毫无计划地盲目虚度一天，对你而言会有什么帮助呢？

爸爸希望你从今天开始，可以在回到家以后，先养成把作业写完的习惯，因为一直等到睡前才开始坐在书桌前写作业的话，根本无法好好地写。如果只是勉强地写作业的话，一点儿用处也没有，作业是你学习范围的延伸，老师是为了让你能够自动自发地读书才给留作业的。从学校和补习班回来以后，就立刻写作业的话，对你的学习能力会有很大的帮助。

接下来要缩短打游戏和看电视的时间。爸爸并不是不让你做这些事，只是希望你可以先把该做的事情做完。如果你先把作业做完，再来看电视或玩游戏，爸爸就不会生气了。还有，在一天当中不能不做运动，你可以先从简单的跑步和跳绳开始。与其做吃力的运动，不如多做些轻快的运动，这样可以放松身体，让你的心情愉快。

在你准备睡觉之前，可以借由写日记来回顾这一天。写日记时可以检查自己是否有按照计划进行，如果没有做到就要自我反省，并做准备，使明天能够按照计划进行。

爸爸建议你，一天的计划可以这样安排：

上午7点　起床，并准备上学

　8点　开始学校生活

下午4点　放学回家

4点至6点　写作业

7点至9点　看电视、玩游戏、做运动

　10点　写日记、准备睡觉

时间的管理很重要，也是很基本的。周末时，你会有更多的时间，最好能读一些平时没时间看的书，或是去旅行，或者你也可以和爸爸一起去游泳或爬山，就是不要待在家里虚度周末。

儿子，学习规划自己的生活是很重要的。因为这可以帮助你更快做好自己想要做的事情。人生，绝对是需要规划的！

040 收集每天的故事

从现在开始,希望你也试着写回顾今天、计划明天的日记,将你每天的故事收集起来,就能成为你独一无二的小历史。

为什么要写日记呢？爸爸在你这个年龄的时候，也不知道为什么要写日记，但是每天持续地写之后，就养成写日记的习惯了。爸爸觉得可以借由写日记的习惯，来培养反省今天、计划明天的习惯。

从现在开始，希望你也试着写回顾今天、计划明天的日记吧！不要把它想得太难。只要去回想今天所发生的事情，将最有趣的事、最悲伤的事、做错的事以及明天要做的事写下来就可以了。那么，你很自然地就会对写日记产生兴趣。如果能够将你每天的故事收集起来，就能成为你独一无二的小历史。

想想看，等你长大以后，再来回顾自己以前所写的日记，一定很棒！即使一年后再回过头来看，也会觉得很新奇有趣；数十年后，等你当了爸爸，再来回顾这些日记的话，不知道会多有趣！

因为爸爸体验过这种写日记的乐趣，所以才会建议你这么做的，儿子，不妨从今天开始试试看吧！

041 报纸中的大世界

报纸可以让我们掌握这个世界的脉动,爸爸希望你能够借由阅读报纸来看见更大的世界。

对于生活在这个复杂社会的我们来说，报纸是不可或缺的重要资讯来源。你会先看报纸的哪个版面呢？是漫画吗？没错。爸爸年纪很小的时候也是如此，因为漫画能够将当天最重要的消息，用浅显有趣的方式表达出来，但是不能只看了漫画就把报纸收起来。

你现在年纪还小，还不需要去详读时事或是政治等内容，但是至少要读过粗体字所写的新闻标题，如此才能够掌握这个世界是如何变化的。看过大标题以后，如果有自己比较关心的内容，最好能够再仔细地阅读一下，这样就可以掌握新闻的发展，例如是在何时、何地、为何发生，以及如何进展等，然后针对那件新闻，试着将你的想法整理出来。养成这样的习惯，如此一来，将可增进自己在理性思考方面的能力。

还有，看报纸的时候，会有很多难懂的汉字，所以有时不太容易阅读，但是如果能够利用字典来查询你所不懂的字词，那你就可以借此学到大量的新词语了。

报纸上的新闻，可以让我们掌握这个世界的脉动，爸爸希望你能够通过报纸来看见更大的世界。

042 建立良好的异性友谊

男生与女生各自擅长的能力并不相同,彼此互相理解并接纳对方的一切,才能够拥有良好的异性关系。

根据报纸记载，最近有许多小学生流行和异性朋友交往，不论是男孩或女孩，对于自己喜欢的人，总是很轻易地就说出"我要我们在一起"之类的话语，写下称为"情书"的交换日记来确认彼此的心情，大方地穿着情侣装，来宣告彼此正在交往，看起来好像和成年人没什么两样。我想也许在你的周围也有很多那种同学，爸爸说的没错吧？

但是，请你好好地听爸爸说。你们之所以会结交异性朋友，应该是由于你们对彼此感到好奇，因为大人们这样做，所以你们也照样学。如果要像成年人一样交往，对于你们这个年龄来说是很困难的，因为你们在面对男女情感时的处理态度还不够成熟。那么，要如何与异性相处才好呢？

首先，你不要坚持如同成年人之间交往般的想法与异性见面，对于你喜欢的女孩，只要抱持着互相陪伴和照顾的心态就可以。但是你必须先知道在那之前，你要先学会珍惜你自己和尊重别人。

还有很重要的一点就是，必须抛弃男生比女生优秀的偏见。如果你轻视女性，无法去理解女性的想法，长大以后也会保持着相同的偏见。男生与女生各自所擅长的能力并不相同，彼此互相理解并接纳对方的一切，才能够拥有良好的异性关系。

043 节俭和储蓄的好习惯

合理地使用零花钱,养成节俭与储蓄的习惯。这样的话,也许某一天你也可以对需要帮助的人伸出援手。

最近连小学生的身上也都带着许多钱，不知道他们是否真的有那么多地方需要用钱？但是爸爸每个月只会给你一次零花钱，你是否曾经为此感到丢脸或生气呢？有时想买好吃的东西请客，或是想买礼物送给喜欢的女生，却因为没有钱而无法随心所欲地去做，我想你一定有这种经历吧。这些爸爸都知道，但是不让你随意地花钱是有理由的。

　　钱这个东西会使人变得很奇怪。钱可以使人哭可以使人笑。如果有许多钱，人们就会感到满意，似乎什么都能做似的，所以人们总是努力地赚钱。

　　现在风行全国的彩票不也是如此吗？事实上那就是爸爸前面所讲的，借着煽动每个人都有可能成为富翁的念头，使人们去买彩票。人们明明知道中奖几率很低，却仍抱着也许会中奖的想法，而一直去买彩票。

　　我们不能依靠那种方式赚钱！应该凭自己的工作能力去赚得钱财，并养成储蓄的好习惯。把钱存起来累积成一笔小钱，能够帮助别人，或是以备不时之需。

　　爸爸为了能让你养成这种好习惯，所以会在固定的时间给你零花钱，请从现在开始，好好使用你的零花钱，养成节俭与储蓄的习惯。花钱的习惯并非是在一朝一夕间养成的，从小就懂得合理花钱，将来才能成为真正的富翁。

044 将决心化为行动

如果从小事开始做起的话,你就会明白自己能够做得好的事情有哪些,并且知道要如何去实践它。

不知道你是否会觉得爸爸对你说的事情，实践起来有些困难呢？记得爸爸曾经对你说过"要有实践梦想的勇气"这句话吗？不要害怕面对难题，试着把它想得容易一点。爸爸不会勉强你去做你做不到的事情，爸爸相信你一定能够做得到。

如果仍然感到困难的话，那就先从你觉得最不费力的事情开始做起。无论是多容易的事情，假如你觉得很无趣而无法把它做好的话，就白费工夫了，不是吗？如果从小事开始做起的话，你就会明白自己能够做得好的事情有哪些，并且知道要如何去实践它。

实践梦想就像是跑马拉松一样。刚开始跑的时候，会感到气喘如牛，腿都软了，心里后悔地想着："我为什么要跑马拉松呢？"但是只要坚持努力地继续跑下去的话，就会渐渐跟上别人，也能够维持稳定的速度了。

虽然在刚开始的时候做起来会很困难，但如果保持着必须要做到的决心，持续地去努力，那么就一定会成功。这样的人，无论到何处，都会成为受欢迎的人。爸爸希望你能勇于将自己的决心化为行动。

图书在版编目（CIP）数据

一定要告诉儿子的那些事/（英）切斯特菲尔德著；
（韩）孙永俊改编；（韩）李佾善绘；徐月珠译. ——北
京：北京联合出版公司，2016.3（2021.2重印）
ISBN 978-7-5502-7261-3

Ⅰ．①一… Ⅱ．①切… ②孙… ③李… ④徐… Ⅲ．
①男性－家庭教育 Ⅳ．①G78

中国版本图书馆CIP数据核字(2016)第047680号
北京版权局著作权合同登记 图字：01－2016－1386号

아버지가 아들에게 꼭 하고 싶은 말 © 2004 written by Son Young Zun & illustrated by Lee Il Sun.
All rights reserved.
Simplified Chinese Translation rights arranged by KukMin Publishing Co.
through Shinwon Agency Co., Korea
Simplified Chinese Translation Copyright © 2011 by Beijing Zito Books Co., Ltd.

一定要告诉儿子的那些事

原　　　著	［英］切斯特菲尔德
改　　　编	［韩］孙永俊
绘　　　者	［韩］李佾善
译　　　者	徐月珠
责任编辑	杨　青　徐秀琴
项目策划	紫图图书 ZITO®
监　　　制	黄　利　万　夏
特约编辑	高　翔
营销支持	曹莉丽
版权支持	王福娇
装帧设计	紫图装帧

北京联合出版公司出版
（北京市西城区德外大街83号楼9层　100088）
艺堂印刷（天津）有限公司印刷　新华书店经销
字数24千字　720毫米×1000毫米　1/16　7印张
2019年6月第2版　2021年2月第19次印刷
ISBN 978-7-5502-7261-3
定价：49.90元

版权所有，侵权必究
未经许可，不得以任何方式复制或抄袭本书部分或全部内容
本书若有质量问题，请与本公司图书销售中心联系调换。电话：010-64360026-103

爸爸写给儿子的那些话

今天你　　岁　月　天

年　月　日

今天你　　岁　月　天

年　月　日

今天你　　岁　　月　　天

年　月　日

今天你　　岁　　月　　天

　　　　　　　年　月　日

今天你　　岁　　月　　天

年　月　日

今天你　　岁　月　天

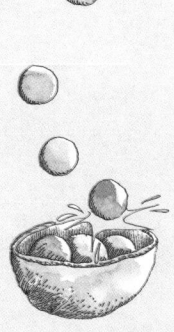

年　月　日

今天你　　岁　月　天

年　月　日

今天你　岁　月　天

年　月　日

memo

memo

memo

memo

memo

memo

memo

memo

memo

memo

memo

memo

memo

memo

memo

memo

今天你　岁　月　天

今天你　　岁　　月　　天

年　月　日

今天你　　岁　　月　　天

年　月　日

今天你　　岁　月　天

年　月　日

今天你　　岁　月　天

年　月　日

今天你　岁　月　天

今天你　岁　月　天

年　月　日

photo

name

mobile

Adderss

E·mail

msn

Birthday